DON BOSCO

Liebe Leserin, lieber Leser,
als Käufer dieses Buches erhalten Sie im Internet kostenloses Zusatzmaterial zum Download. Halten Sie den unten abgedruckten Zugangscode bereit und gehen Sie auf www.donbosco-medien.de. Klicken Sie dort auf „Meine Bonus-Seite“ und geben Sie den Code ein. Sie können nun gratis Ihr Zusatzmaterial downladen.

sQ8QKfxj

Mit freundlichen Grüßen
Ihr Don Bosco Verlag

PDF Mit Download

Frank Hartmann

Segnen im Kindergarten

Anlässe, Rituale und Gestaltungsideen

PRAXIS RELIGIONSPÄDAGOGIK
IN DER KITA

DON BOSCO

Gerne nehmen wir Ihre Anregungen, Wünsche, Kritik oder Fragen entgegen:
Don Bosco Medien GmbH, Sieboldstraße 11, 81669 München
anregungen@donbosco-medien.de
Servicetelefon: (0 89) 4 80 08-341

Bibliografische Information der Deutschen Nationalbibliothek

Die Deutsche Nationalbibliothek verzeichnet diese Publikation in der Deutschen Nationalbibliografie; detaillierte bibliografische Daten sind im Internet über http://dnb.d-nb.de abrufbar.

1. Auflage 2015 / ISBN 978-3-7698-2146-8

www.donbosco-medien.de
Umschlag: Manfred Lehner
Umschlagfoto: Charlotte Fischer
Fotos: Manfred Lehner (19, 25), fotolia (8), KNA (40)
Layout: Meike Sellier
Satz: Don Bosco Medien GmbH, München
Produktion: Don Bosco Druck & Design, Ensdorf

Gedruckt auf umweltfreundlichem Papier

Inhalt

Vorwort

„Wenn ich daran denke, bekomme ich noch heute eine Gänsehaut!“, sagte eine Teilnehmerin eines Seminars zum Thema „Segen“. Damit drückte sie aus, was viele Menschen mit dem Segen verbinden: gute Erinnerungen an wichtige biografische Ereignisse und bewegende Gefühle in Zusammenhang mit einem religiösen Ritual.

Die allermeisten Menschen sehen sich in Sachen Segen ausschließlich als „Empfangende“. Sie genießen das Ritual und die besondere Energie, die „immer die anderen“ spenden. In der Regel sind sie irritiert oder es befällt sie eine spontane Scheu, manchmal sogar Ablehnung, wenn sie sich vorstellen sollen, selbst Segnende zu sein. Erzieherinnen bilden da keine Ausnahme.

Was ist „Segnen“? Was berührt uns? Welche Traditionen gibt es und wer „darf“ eigentlich segnen? Kann dieses Ritual in der Kita gelebt werden – und wenn ja, wie? Dieses Buches will Sie zur fruchtbaren Beschäftigung mit der eigenen Biografie, mit Ihrer religiösen Sozialisation und Ihrer Haltung zum Segen einladen. Im Bewusstsein Ihres ganz eigenen Werdens und nach einem Austausch mit Ihrem Team steht die Frage: Segen in unserer Kita – wann, wie, wer?

Im Fokus stehen Elementarkinder. Die Geschichte des Segnens und seine Formen, seine Traditionen und seine Anlässe werden beschrieben. Der mögliche Einsatz dieses Rituals in der Kita, sowohl in der Andacht, als auch im Alltag, wird aufgezeigt. Anregungen zur Gestaltung und Textvorschläge sind ebenfalls enthalten – allerdings auch als Ermutigung, eigene Worte zu finden.

Das Anliegen dieses Buches ist, den Mitgliedern des Kita-Teams das Ritual des Segnens näher zu bringen und ihnen die Scheu zu nehmen, eine aktive Rolle einzunehmen. Es will Mut machen, den Zuspruch Gottes in breiterer Form weiterzutragen, ihn den Kindern zu schenken und nicht (mehr) auf wenige, biografische Inseln zu beschränken.

In dem Segnungslied „Komm, Herr, segne uns" heißt es zu recht:

„Weil du reichlich gibst, müssen wir nicht sparen!"

Das dürfen und sollen wir ernst nehmen. Der Segen im Kindergartenalltag ist ein fröhliches, bewegendes und praktisches Element einer lebendigen Religionspädagogik.

Frank Hartmann

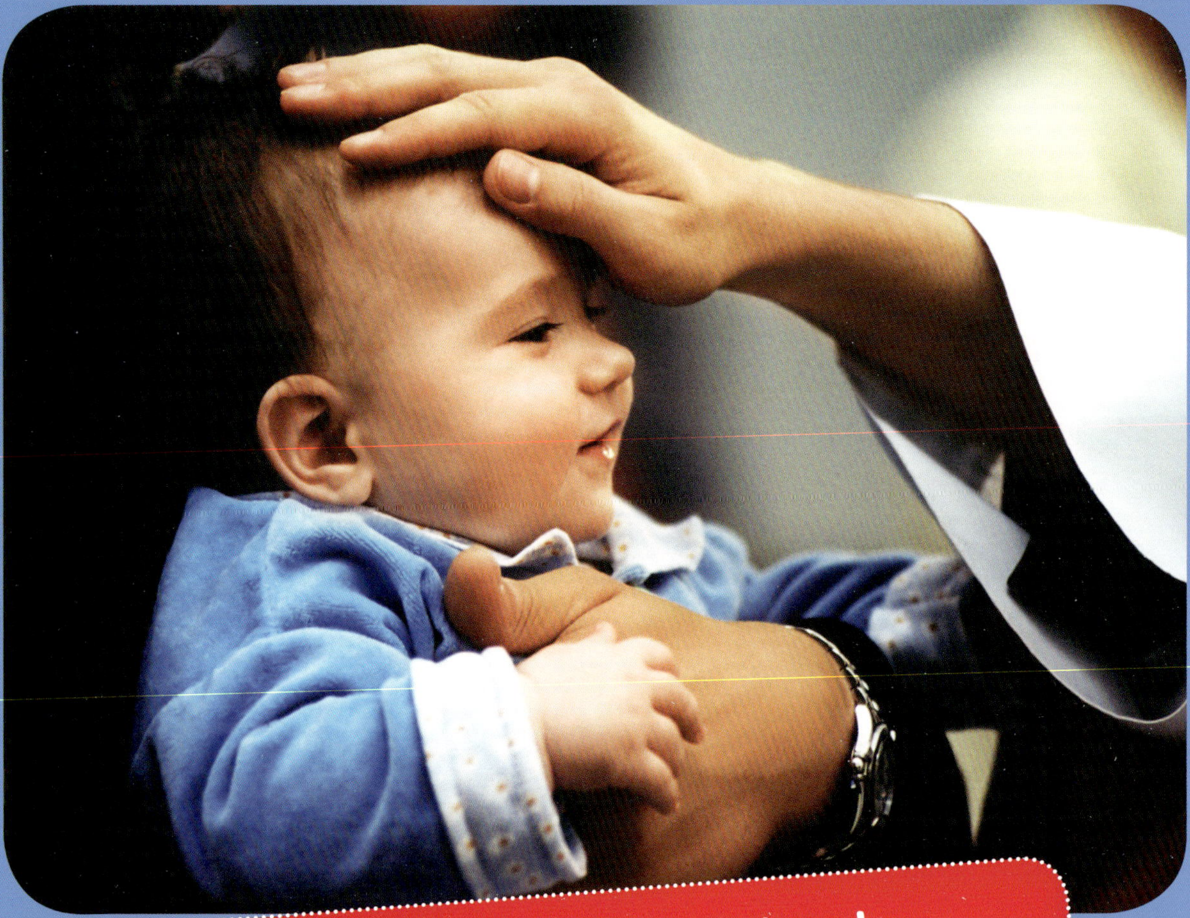

Segen - was ist das überhaupt?

Das Wort

Das deutsche Wort „Segen“ hat seinen Ursprung im lateinischen „signum“, was „(Kenn-)Zeichen“ bedeutet. Im christlichen Sinne bezieht es sich auf den lateinischen Begriff „benedictio“ von „benedicere“ - „Gutes zusprechen“. Ein gesegneter Mensch ist also jemand, der „gekennzeichnet“ ist, dem „Gutes zugesprochen“ wurde.

Nicht nur im religiösen Kontext ist von Segen die Rede. Auch in der Alltagssprache taucht das Wort häufig auf, selbst bei Menschen, die sich nicht als religiös bezeichnen würden. Zum Geburtstag werden „Segenswünsche“ überbracht, man gibt seinen „Segen“ zu manchem Vorhaben oder ein Entscheidungsträger „segnet ab“, was ein Mitarbeiter vorschlägt. Menschliche Begegnungen werden als „segensreich“ erlebt oder die Erholung bei sonnigem Urlaubswetter als „echter Segen“ empfunden. Natürlich geschieht dieser Gebrauch häufig unbewusst – trotzdem bedeutet das nicht, dass es sich bloß um Floskeln handelt. Im alltäglichen Sprachgebrauch wird etwas von der grundsätzlich positiven Haltung und von einer gewissen „Attraktivität“ des Segens spürbar.

Der Gehalt des Segens

„An Gottes Segen ist alles gelegen!" Dieses Wort findet man an den tragenden Balken vieler alter Häuser. Bauherren wie Zimmerleuten war es wichtig, ihr Handeln im Vertrauen auf Gottes Segen zu vollziehen.

„Ich segne dich und du sollst ein Segen sein!" (vgl. 1. Mose/Genesis 12,2) Gott segnet Abraham an einer wichtigen Station seines Lebens. Er fordert ihn auf, seine Heimat zu verlassen und in ein Land zu ziehen, das Gott ihm zeigen wird. Dafür verspricht Gott ihm Begleitung und Schutz durch seinen Segen, aber auch, dass Abraham seinerseits zu einem Segen für andere werden wird. An allen Wendepunkten unseres Lebens, in jedem Aufbruch, den wir wagen, wünschen und genießen wir einen Segen. Taufe, Konfirmation oder Firmung, Hochzeit, Einsegnung in den Dienst – überall stärkt und berührt uns der Segen positiv.

Segen hat etwas mit dem menschlichen Urbedürfnis nach Anerkennung und Liebe, nach Bewahrung und Begleitung zu tun. Das „zugesprochene Gute" kommt von Gott – der Mensch erfährt im Segen Gottes Beachtung, Wertschätzung, Zuwendung und Bestärkung. Er hat im Segen Teil an Gottes Liebe, Kraft, Energie und Gnade. Diese Teilhabe ist ein Geschenk. Sie kann erbeten werden, man kann sie erhoffen, nicht erzwingen. Sie entzieht sich dem menschlichen

Einfluss. Segen soll Glück und Freude schenken, Verbindung spürbar werden lassen, Gottes Wille zu Schutz und Bewahrung seiner Schöpfung bekräftigen.

Wenn man es ein wenig überschwänglich auf den Punkt bringen will: der Segen ist eine Liebeserklärung, eine Umarmung, ein „Ja!" zu uns. Und wie jede Liebeserklärung durch ein Gegenüber, das uns etwas bedeutet, das wir wertschätzen, achten oder lieben, bleibt diese Erklärung nicht ohne Folgen für unser Wohlbefinden! Wo sind wir fröhlicher, mehr in unserer Mitte, wo fühlen wir Geborgenheit und Vertrauen stärker als dort, wo wir uns geliebt wissen. Hier wird durch ein „öffentliches" Bekenntnis sichtbar: dieser Mensch bedeutet mir viel, er ist liebenswert und besonders – und ich bin an seiner Seite.

Wo Licht ist, ist auch Schatten: der Fluch ist der „Gegenspieler" des Segens. Ein Fluch ist eine in Wort und Gestik emotional begründete Verwünschung gegen einen Menschen. Sie hat Schaden und Zerstörung, Kummer, Unglück, Krankheit oder gar Tod des Verfluchten zum Ziel – also das Gegenteil von Segen. In der Bibel gehören Segen und Fluch eng zusammen. Über Jahrhunderte war der Fluch tatsächlich „praktiziertes Ritual", wenn man „negativ segnen" wollte – aus Zorn und Verbitterung, aus dem rachegeleiteten Wunsch nach Genugtuung eines Enttäuschten, Boshaften oder Verletzten. Man maß diesen menschlichen Verwünschungen große Macht bei und es gab zahlreiche Abwehrrituale und Handlungen, um die Wirkungen eines Fluchs abzuwenden oder zumindest zu schwächen.

Familiärer, privater Segen

Familiär war mit dem väterlichen Segen der Antritt des Erbes verbunden. Das Familienoberhaupt, das sich aus Altersgründen zurückzog oder dem Tode nahe war, übertrug mit dem Segen die Autorität der Nachfolge und die Führung der (land-)wirtschaftlichen Geschäfte einem Mitglied der nächsten Generation – zumeist dem männlichen Ältesten. Die Bibel berichtet im Buch Genesis von einem Betrug in Zusammenhang mit dieser Tradition. Jakob, der jüngere Sohn Isaaks, erschleicht sich mithilfe seiner Mutter Rebekka durch eine List den väterlichen Segen und macht damit seinem älteren Bruder Esau das „Erstgeburtsrecht" streitig. Mit dem Segen des Vaters, der – einmal ausgesprochen – nicht mehr zurückgenommen oder erneut gespendet werden kann, wird zugleich der göttliche Segen an Jakob weitergegeben. So hat ihn bereits Abraham an den jungen Isaak übertragen. Hier drückt sich ein mächtiges und gewichtiges Verständnis des väterlichen Segens aus, der weitreichende und rechtliche Folgen in Bezug auf Macht und Besitz hat.

Darüber hinaus war der Segen im „Privaten" immer üblich und alltäglich. Er ist seit Jahrhunderten ein von Liebe und Wertschätzung getragenes Ritual, mit dem Eltern z. B. ihren Kindern gegenüber ihre guten Wünsche ausdrückten, oder Liebende einander Bewahrung und Schutz wünschen. Dabei ist er meist gar nicht ausdrücklich ausgesprochen, sondern eher versteckt und nur ansatzweise spürbar. Er äußert sich dennoch „klassisch“, nämlich in Wort („Machs gut!“ / „Adieu!“ usw.) und Tat / Geste (Händedruck, Schulterklopfen, Kopf/ Wange streicheln).

Segen in kirchlicher Tradition

In der frühen Kirche segneten die Mitglieder der entstehenden Gemeinden einander im Geiste Jesu. Gerne verliehen Gemeindeglieder mit einer herausragenden Stellung oder besonderem Ansehen dem Segen zusätzlich Gewicht. Es scheint menschlich zu sein, dass wir manchen Menschen aufgrund ihrer Stellung oder ihres Ansehens „mehr“ zutrauen oder uns „besonders geehrt“ fühlen, obwohl sie dasselbe tun wie andere und – in Punkto Segen ist das besonders deutlich – nicht Urheber „der Gabe“ sind.

In der sich etablierenden „Amtskirche“ durften zunächst nur Bischöfe segnen, d.h. die meisten Gläubigen dieser Zeit kamen lebenslang nie in den Genuss einer Segnung, weil Bischöfe weit weg waren und Reisen eine beschwerliche Prozedur. Später ging die „Segnungsgewalt“ auf alle Priester und Diakone über. Keine Regelung ist jedoch theologisch begründet, sondern es waren „ordnungsmäßige“ Ziele, die damit innerhalb der Institution Kirche verfolgt wurden.

Grundsätzlich durften immer auch Gläubige Segen zusprechen – über die Jahrhunderte hat sich dieses Handeln jedoch immer weiter auf familiäre Zusammenhänge zurückgezogen. Segnungen im gottesdienstlichen Handeln (z. B. im Zusammenhang mit der Eucharistie) und die „nachhaltigen" Segnungen in Verbindung mit Ämtern und rechtlichen Befugnissen innerhalb der geordneten Kirche (z. B. im Rahmen der Priesterweihe) sind in der katholischen Kirche auch heute noch an bestimmte Weihen gebunden. Dennoch hat das Zweite Vatikanische Konzil (1962–1965) bekräftigt: Alle Gläubigen sind zum Segnen befugt, nicht nur im privaten Rahmen. Wie auch nach evangelischem Amtsverständnis ist der „Segensauftrag" mit dem Grundverständnis verbunden, dass alle Getauften zum Priestertum berufen sind.

Segen – für wen oder was?

Jedem Menschen, der sich dem Ritual und dem Sinn öffnet, der um Segen bittet oder seiner ausdrücklich bedarf, kann und soll Segen zugesprochen werden. Auch Menschen, die z. B. aus gesundheitlichen Gründen oder im Prozess des Sterbens nicht aktiv bitten oder zustimmen können, sollen Segnung erfahren, wenn man von ihrem Einverständnis ausgehen kann.

Nach katholischem Verständnis können auch Gegenstände gesegnet werden, was aber immer auf die Personen bezogen ist, die mit den Gegenständen in Kontakt stehen. Die meisten protestantischen Kirchen kennen und praktizieren die Segnung von leblosen Gegenständen nicht, wohl aber kann im Rahmen einer Einweihung ein besonderer Segen gesprochen werden.

Seit dem Mittelalter war es üblich, dass der kirchliche Segen sich auch in den Dienst der Macht stellte, um z. B. Fahnen und Waffen zu segnen. Seit dem Zweiten Vatikanischen Konzil gehört diese Praxis der Vergangenheit an.

Wer „darf" segnen?

Eine lange, praktische Tradition hat den Segen eng mit dem kirchlichen Amt verknüpft. Die meisten Menschen denken den Segen daher nur in Verbindung mit dem Gottesdienst und meinen, er „darf" nur von einem Priester oder einer Pastorin/einem Pastor „ausgeteilt" werden. Das ist eine Engführung, die sich vor allem aus dem eigenen Erleben des Rituals ergibt – die aber weder theologisch haltbar noch sinnvoll ist. Wer sich als getaufter Christ als von Gott gesegnetes Wesen begreifen kann, ist in diesem Sinne auch „autorisiert", (empfangenen) Segen weiterzugeben.

Doch selbst, wenn man mit dem Verstand erfasst hat, dass nicht nur besonders beauftragte (männliche) Amtsträger einer Kirche das Recht haben, Segen zuzusprechen, scheuen Menschen in Gemeinden und Kitas vor dem Segnen zurück. Sie fühlen sich dazu nicht befähigt oder berufen, finden es „anmaßend" oder sich dafür „irgendwie nicht richtig". Sie selbst wünschen sich auch eher einen „offiziellen" Segen als den eines Laien. Hier wirkt die Tradition – und die irrige Annahme, es gäbe verschiedene Qualitäten von Segen. Dem „offiziellen" Segen des Amtsträgers wird mehr Bedeutung beigemessen.

Die Qualität des Zugesprochenen von dem Rang oder der Stellung, ja der Sympathie des Zusprechenden abhängig zu machen, heißt zwei wesentliche Dinge zu ignorieren:

1. Der Ursprung des Segens ist Gott – nicht der Priester, die Pastorin oder eine Gemeindeleitung. Die Segnenden „machen" ihn nicht. Sie sind lediglich die „Durchreichenden", die Weitergebenden, aus ihrer Rolle als Empfangende. Wir sind mit ihnen auf „einer Ebene", Geschöpfe gleichen Ranges, auch wenn sie es sind, die uns Segensworte sprechen. Der Wert des Segens hängt nicht einmal an der Sympathie gegenüber dem Segenspendenden – oder würden Sie den Liebesbrief des Menschens Ihres Herzens weniger wertschätzen, weil Ihnen der Postbote, der ihn zustellt, unsympathisch ist?

2. Die Berufung zum Segnen ist nicht an ein Amt geknüpft, sondern an unser Dasein als Getaufte. In der Taufe sagt Gott jedem neuen Leben Begleitung und Schutz und ein bedingungsloses „Ja!" zu. Der empfangene Segen ist die Grundlage für die Weitergabe von Segen. Diese Erkenntnis erteilt uns in einer evangelischen Kita, in der Kinder „mit Gott groß werden" sollen, sogar den Auftrag zu segnen.

Eine grundsätzliche Unsicherheit mit dem Ritual, sowie die fehlende Segnungspraxis hemmen das „gute Zusprechen" in Zusammenhängen und an Orten, wo es durchaus Berechtigung hat. Auch Erzieherinnen kommen sich „komisch" vor in der Rolle des Segnenden. Manche meinen, sie seien gar nicht fähig, Segensworte zu sprechen und das Ritual „angemessen" zu feiern. Andere kommen sich exponiert vor – wie „beim Vorsingen". Die Bereitschaft, es auszuprobieren und schöne, andere Erfahrungen zu machen, ist noch gering. Schade! Ein sehr angenehmes, lebendiges, erfahrbares Stück Glaube und Nächstenliebe verstaubt in einer Nische, statt mit „vollen Händen", offenherzig verschenkt zu werden und so wertvolle und schöne Erfahrungen zu ermöglichen – für Kinder und Erzieherinnen.

Ist es nicht seltsam, dass wir uns selbst im Segen so wohl und wertgeschätzt fühlen, ihn aber nicht gerne weitergeben wollen? Müsste nicht aus dem schönen und wohltuendem Erleben heraus gerade der Wunsch entstehen, möglichst viele Menschen in diesen Genuss kommen zu lassen? Wie mit Freude, Liebe und anderen immateriellen Werten ist es auch mit dem Segen: je „verschwenderischer" wir damit umgehen, je mehr wir davon verschenken, desto bunter, schöner, wärmer und angenehmer wird das Leben. Liebe und Freude verbreiten sich nicht, wenn wir sie für uns genießen, aber sie nicht weitergeben. Wir tun gut daran, die heilsame Erfahrung des Segens unseren Kindern nicht vorzuenthalten. Wir sind zum Segnen berufen, denn wo erfahren Kinder heute noch Segen?

Bewegung und Veränderung ist immer nur durch aktive Auseinandersetzung möglich – mit uns selbst, mit den Menschen um uns herum, mit möglichen Widerständen und in Verbindung mit fördernden Kräften. Es gilt, eine Mauer aus Tradition und Gewohnheit, Scheu und Unsicherheit Stein für Stein abzubauen, um daraus das Fundament für ein liebevolles und fruchtbares Stück Religionspädagogik zu legen. Es braucht eine freie Sicht auf den Segen und den Mut, es auszuprobieren. Den können wir aus dem Segen Gottes für Abraham schöpfen:

„Ich segne dich – und du sollst ein Segen sein!“

Auf uns kommt es an: das eigene Erleben

Wie immer – und besonders, wenn offene Fragen, Unsicherheit oder gar Widerstand im Spiel sind – ist es wichtig, sich zu besinnen, wie die eigene Geschichte zum Thema verlaufen ist. Es gilt, eine Standortbestimmung vorzunehmen.

Wohl jede Erzieherin hat bereits Segen im Leben empfangen. In der Taufe, an die sich die meisten Menschen nicht erinnern oder in der Konfirmation, diesem für Jugendliche in der Pubertät besonders aufregendem oder unangenehm peinlichem Fest. Manche haben bei ihrer Eheschließung einen Trausegen „mitbekommen", der ihnen Stärkung und Verpflichtung bleibt. Andere haben schon beim Stellen- oder Gemeindewechsel einen Abschiedssegen erhalten oder sind im Rahmen eines gemeindlichen Amts (z. B. Pfarrgemeinderat / Kirchenvorstand) eingeführt / verabschiedet und damit gesegnet worden. Wenn Sie Elternteil oder Pate sind, haben Sie die Segnung des geliebten Kindes mit besonderer Bewegung verfolgt oder sind gar im Rahmen der Zeremonie selbst für Ihre Aufgabe mit einem Segen „gerüstet" worden. Vielleicht gehören Sie auch zu den Menschen, die den Segen im Alltag erlebt haben – durch die herzliche Verabschiedung der Mutter vor dem Schulweg oder die spontane Segnung des Großvaters in einem Augenblick großer Freude und Nähe.

Blicken Sie zurück und halten Sie fest, wo Ihnen Segen begegnet ist und wie Sie ihn empfunden haben. Schauen Sie voraus und spüren Sie in sich hinein, was Ihnen am Segen so wichtig ist, dass Sie ihn teilen möchten oder was genau Sie (noch) hindert, segnend zu handeln.

Der Selbstcheck: Rückblick

Beantworten Sie die Fragen für sich ehrlich und schriftlich auf einem extra Blatt mit genügend Platz. Machen Sie sich die Mühe und nehmen Sie sich eine Weile Zeit.

1. Wann und wo habe ich in meinem Leben Segen erfahren?

2. Wie habe ich Segen erlebt? Welche Stimmungen und Gefühle erinnere ich? (Positiv, negativ, echt, künstlich, warm und nah, „technisch“ und „wie am Fließband“, persönlich oder fremd usw.)

3. Wer hat mich gesegnet? Wie war mein Verhältnis zu dieser Person?

4. Wie habe ich die Atmosphäre erlebt? Welche Rolle hat sie gespielt?

PDF Mit Download

Alle Fragebögen können als Kopiervorlagen im DIN A4-Format mithilfe des Download-Codes auf Seite 2 aus dem Internet heruntergeladen werden.

5. Kann ich mich an den Wortlaut des Segens / einzelne Worte / den Sinn oder die Aussage des Segens erinnern?

6. Mit welchen Gesten und in welcher Haltung habe ich den Segen empfangen?
(Was tat der/die Segnende, was tat ich? Körperhaltung, Handhaltung, Blick ...)

7. Gab es Besonderheiten rund um die Segenshandlung?
(Einbeziehung anderer Menschen oder Hilfsmittel, einen Erinnerungs-Gegenstand oder...)

Der Selbstcheck: Ausblick

Stellen Sie sich vor, Sie sind mit der Situation des Segnens konfrontiert. Was empfinden Sie bei dieser Vorstellung?

1. Was motiviert mich, in die Rolle des Segnenden zu gehen?
   (Welche positiven Gefühle habe ich?)

2. Was hemmt mich, in die Rolle des Segnenden zu gehen?
   (Welche negativen Gefühle habe ich? Welche Ängste? Welche Vorbehalte?)

3. Was brauche ich, um die Rolle sicher und frei auszufüllen?
   (Was muss gegeben sein? Welche Zurüstung brauche ich? Was benötige ich vom Team?)

4. Welchen Rahmen wünsche ich mir für die Segnungshandlung?

5. Welche Anlässe kann ich mir in unserer Kita vorstellen / nicht vorstellen?

Die Teamdebatte

Tauschen Sie sich offen im Team aus:

1. Wie haben Sie Segen persönlich in Ihrer Biografie erlebt? (als Empfangende/r)

2. Welche Vorbehalte haben Sie persönlich gegenüber dem Segen? (als Empfangende/r / als Weitergebende/r)

3. Welche guten Gründe gibt es für den Segen in der Kita?

4. Was benötigen Sie für die gute Aus- füllung der Rolle als Segnende/r?

5. Welche Anlässe können Sie sich in der Kita vorstellen, die Sie selbst segnend begleiten und welche, die Sie in Kooperation mit dem Pfarramt ausfüllen wollen?

Anlässe und Formen für den Segen in der Kita

Sehnsucht nach Ritualen

Wer Kinder hat oder mit ihnen arbeitet, weiß: zu keiner Zeit vollzieht sich so viel rasante Entwicklung wie in den ersten Jahren. Es gibt eine Menge Anlass zum Staunen. Zunehmend wird – auch zur Freude der Konsumwirtschaft – den „ganz normalen Entwicklungen" besondere Beachtung geschenkt. Sie werden entdeckt, gewürdigt bzw. gefeiert. Inhalte und Rituale entstehen, z. B. die mystische „Fee", die ähnlich unsichtbar und zuverlässig arbeitet wie der Weihnachtsmann. Kaum ein Kinderzahn fällt heute aus, ohne dass die „Zahnfee" ihr Füllhorn ausschüttet. Kein Abschied vom Schnuller wird heute in stiller Freude zur Kenntnis genommen, sondern von der „Schnullerfee" honoriert. Kindern soll auf diesem Wege Wertschätzung für ihr Wachstum oder eine „Leistung" entgegengebracht werden. Auch Erwachsene finden kreativ neue Rituale oder bauen alte zu großen Events aus: Bauchpartys vor der Geburt, „Babypinkeln" nach der Geburt. In allem drückt sich der Wunsch aus, das Leben zu feiern und Anlässe zu begehen.

Es geht nicht um Konkurrenz oder um „Gleichziehen" – einen „Schnuller-Abschiedssegen" müssen wir nicht praktizieren. Aber Interesse und Freude am Ritual sollte uns ermutigen, mit dem Segen als wertschätzendem Ritual nicht hinter dem Berg zu halten und ebenfalls besonderen Ereignissen würdigend zu begegnen. Segen ist natürlich nicht materiell – und doch ist er ein besonderes Geschenk.

Welche Anlässe bieten sich für eine Segnung an?

In der Kita gibt es eine Reihe von Anlässen, die sich für einen Segen anbieten. Derzeit sind es zumeist besondere Anlässe, deren Bedeutung mit einem (feierlichen) Segen unterstrichen wird, z. B. der

* **Segen zum Abschluss einer Andacht,**
* **Segen zum Abschied aus der Kita bzw. der**
* **Segen für die Schulanfänger,**
* **Reisesegen für eine Kita-Freizeit.**

Auch wenn diese Anlässe möglicherweise in Kooperation mit dem Pfarramt vorbereitet, gestaltet und durchgeführt werden, verdient die vertraute Erzieherin an dieser Stelle als langjährige Bezugsperson der Kinder eine besondere Rolle – gerade in der Segenshandlung.

Darüber hinaus gibt es Anlässe, die auf den ersten Blick nicht unbedingt „segenswürdig“ erscheinen – es aber doch sind, wenn wir sie achtsam wahrnehmen. Ihr Gewicht ist ein anderes, denn es sind nicht die „aufregenden, einmaligen“ Ereignisse, sondern die unscheinbaren, alltäglichen. Der besondere, festliche Rahmen ist nicht gegeben, aber diese Gelegenheiten können und sollen dennoch wichtig genommen werden. Sie haben Wertschätzung und Stärkung zum Ziel und verkörpern ein Stück gelebte Spiritualität im alltäglichen Geschehen. Denkbar sind z. B. der

* **Segen zum Wochenbeginn / Wochenende,**
* **Segen zum Tagesbeginn (Morgenkreis) oder zum Kita-Abschluss (Abschlusskreis) ,**
* **Geburtstagssegen,**
* **„große Bruder- / große Schwestersegen" nach der Geburt eines Geschwisterkindes,**
* **Freundschaftssegen (einfach so – oder nach einem gravierenden Streit),**
* **Trauersegen (bei einem zu tragenden Verlust),**
* **Urlaubssegen (letzter Kita-Tag vor der Urlaubszeit),**
* **Genesungssegen (nach Rückkehr in die Kita nach längerer Krankheit),**
* **Wickeltischsegen (als Abschluss-Ritual der Reinlichkeitsversorgung).**

Diese Aufzählung ist damit noch nicht erschöpft. Seien Sie kreativ. Widmen Sie den „unauffälligen", doch bedeutsamen und aussagekräftigen Ereignissen Aufmerksamkeit und Wertschätzung. Der Segen steht natürlich in den o.g. Situationen nie allein, sondern ist eingebettet in einen Morgenkreis, ein Kleingruppengespräch, ... und stellt ein Alltagsereignis unter Gottes Segen.

Die „Zutaten" eines Segens

Nicht alles, was beim Segen „geschieht" ist erklärbar – muss es auch nicht. Aber spürbar muss es sein. Segen berührt Menschen dreifach:

* **Worte** – sie werden vom Verstand erfasst.
* **Gesten/Berührungen** – sie werden gesehen/körperlich gespürt.
* **Atmosphäre** – sie wird emotional wahrgenommen.

Diese drei „Zutaten" erfordern jeweils Aufmerksamkeit, soll der Segen positiv wahrgenommen werden. Ihr gelungenes Zusammenspiel benötigt etwas Überlegung und – wenn Sie sich unsicher fühlen – auch Übung. Wählen Sie Anlässe, Worte und Handlungen, die für Sie selbst angemessen und stimmig sind.

So kann es gehen: die Segensworte

Was und wie wird gesprochen?

Im Prinzip wird jedes Segenswort als Segensbitte formuliert. Die gewählten Worte und die Art des Sprechens müssen klar und verständlich sein. Das Gesagte sollte natürlich auch „klingen". Besonders für Kindersegen gilt: einfacher Satzbau, kurze, klare, unverschachtelte Sätze und davon nicht viele (max. 3–4). Sprechen

Sie langsam und ruhig. Das können Sie vorher „trocken üben“, dann bekommen Sie ein sicheres Gefühl dafür. Der Segenstext sollte in jedem Fall auf die Lebenswirklichkeit der Kinder und den Ort/Zeitpunkt bezogen sein. Je konkreter und einfacher, desto besser. Dann beherrschen Sie ihn auch ohne „Spickzettel“, was wesentlich zur feierlichen Atmosphäre beiträgt.

Beginnen Sie mit den Segensworten erst, wenn Ihre Geste (s.u.) vollzogen ist – d.h.: wenn Sie bei der Segnung Ihre Hände auf den Kopf des Kindes legen wollen, tun Sie dies behutsam und ruhig, bevor Sie mit dem Segenswort beginnen. Langsame, ruhige Handlungen und Sprache sind wichtig, damit Sie und die Kinder in der kurzen Segenssituation überhaupt ankommen. Für Sie wird es aufregend sein, wenn Sie zum ersten Mal segnen – machen Sie trotzdem nach jedem Satz eine kleine Pause. Gerade, wenn man ungeübt oder unsicher ist, neigt man zu Hektik und Schnellsprechen. Vergegenwärtigen Sie sich stets, dass Sie ein Geschenk überreichen – der Absender bzw. Auftraggeber hat Sie um den Gefallen gebeten, es stellvertretend mit besten Wünschen und dem Anlass entsprechend beim Empfänger abzugeben. Sie können sich den guten Wünschen des Absenders anschließen, indem Sie das Geschenk mit Ihrer Behutsamkeit und Freude überbringen.

Ihre Stimme kann dabei Ihre normale Stimme bleiben – Sie müssen nicht besonders getragen oder feierlich sprechen. Sie werden se-

hen, dass Sie mit Achtsamkeit und einem guten Gefühl genau den richtigen Ton finden und „alles genau richtig machen", wenn sie von Ihrem Tun und Reden überzeugt sind.
Wählen Sie nur die Segensworte (z. B. aus einem Buch), wenn Sie sie ansprechend finden. Suchen Sie sich feststehende Segensformeln, die Sie immer wieder verwenden wollen (z. B. für die Andachten), sorgsam aus – sie sollen ja über einen langen Zeitraum verwendet werden und stimmig bleiben. Segensworte kann jede/r selbst formulieren. Das macht den Segen lebendig und persönlich für jene, die ihn zugesprochen bekommen. Sie wirken zudem authentisch.

Ob fester, wiederkehrender Wortlaut oder frei formulierte Segensworte – es entstehen nicht Segen „mit unterschiedlichen Wertigkeiten", sondern nur zu unterschiedlichen Anlässen. Es liegt in der Natur der Sache, dass einmalige Ereignisse (Einschulung) aufregender sind als eine Wochenandacht. Zudem wird ein persönliches Segenswort mit direkter Ansprache, also eine Einzelsegnung, intensiver wahrgenommen als ein Gruppensegen. Eine bekannte, immer wieder benutzte Segensformel ist nicht „oberflächlich" und eine der Bibel entnommene nicht besonders „fromm". Der alltägliche Segensanlass mag weniger auffällig sein als das einmalige Ereignis – doch Segen ist stets gleichwertig und heilsam. Es ist gut, Alltägliches und Besonderes zu haben und zu pflegen! Schenken Sie beidem Ihre Hingabe.

Der Segen braucht zunächst eine Einleitung und eine Ankündigung: „Wir wollen Gottes Segen empfangen (und dazu aufstehen)" – „Wir wollen Gott um Segen bitten für …" usw. Ein Segenswort wird mit dem bestätigendem „Amen" beschlossen – genau wie ein Gebet. Die Gestik und der Rahmen, das Wort „Segen" bzw. „segnen" kennzeichnen für Kinder den Unterschied zum Gebet. Eine Segensbitte kann natürlich auch in Form eines Gebets mit der Anrede Gottes („Lieber Gott" / „Guter Gott") formuliert werden. Üblicherweise hat der Segenszuspruch diese Wendung nicht.

Verschiedene Segensworte für unterschiedliche wiederkehrende Segenssituationen

Es gibt feststehende Segensformeln. Zum Ende des Erwachsenengottesdienstes z. B. wird zumeist der Aaronitische Segen gesprochen. Das ist ein klarer, verständlicher Text in drei kurzen Sätzen. Seinen Ursprung hat dieses Segenswort in der Bibel (4. Buch Mose/ Numeri 6,24–26):

Der Herr segne dich und behüte dich.
Der Herr lasse sein Angesicht leuchten über dir und sei dir gnädig.
Der Herr hebe sein Angesicht über dich und gebe dir Frieden.
(Lutherübersetzung 1984)

Oder:

Der Herr segne dich und behüte dich.
Der Herr lasse sein Angesicht über dir leuchten und sei dir gnädig.
Der Herr wende sein Angesicht dir zu und schenke dir Heil.
(Einheitsübersetzung)

Für den Segen einer Kita-Andacht empfiehlt es sich, dass es auch ein festes, wiederkehrendes, zu jeder Andacht genutztes Segenswort ist. Wie im Erwachsenengottesdienst wird hier für alle erkennbar der Schlusspunkt des Gottesdienstes erreicht. Der Segen kann von den Kindern mitgesprochen werden, er schenkt Vertrautheit und bekräftigt seine Botschaft jedes Mal aufs Neue. Wenn die Andacht durch eine/n Vertreter/in des Pfarramtes geleitet wird, klären Sie gemeinsam, wie der Segen gestaltet sein soll und ob (wenn ja, wie) Erzieherinnen beteiligt sind. Sollte das Team die Andacht alleine durchführen, gilt natürlich dasselbe.

Ein wiederkehrendes Ereignis (z. B. zum Wochenbeginn oder zum Wochenschluss) kann, ähnlich wie in der Andacht, ein immer gleich gesprochener Segen sein. Hier stehen der Wiedererkennungswert und das Vertraute im Vordergrund. Es spricht jedoch auch nichts dagegen, den Segen frei und situationsbezogen zu sprechen. So kann Bezug zu den die Kinder bewegenden Ereignissen hergestellt werden.

Segensworte für eine Gruppe

Es ist nicht immer leicht, viele unterschiedliche Menschen eines Kreises kollektiv anzusprechen – jede und jeder hat eigene Gedanken, Bedürfnisse und Stimmungen. Halten Sie die Segensformel für eine Gruppe so „offen“, dass sich möglichst viele darin wiederfinden können.

Wenn sich der Segenswortsprechende in den Segen mit einschließt („Gott segne uns!“), statt die „exklusive“ Form zu nutzen („Gott segne euch!“) wird besonders unterstrichen, dass der Segen nicht vom Sprechenden selbst ausgeht. Es wird auch deutlich, dass er/sie sowohl Empfangende/r als auch Zusprechende/r ist.

Segensworte für eine Einzelperson

Sprechen Sie das Kind mit Namen an, wenn Sie ein einzelnes Kind segnen. Suchen Sie Blickkontakt. Sollten mehrere Kinder einen Einzelsegen empfangen, achten Sie auf die Zeit. Jedem Kind soll dieselbe Aufmerksamkeit zugedacht werden – beim ersten, zweiten, dritten geht das noch problemlos. Wenn es beim sechsten oder siebten unruhig wird, kann die Stimmung leicht kippen. Sie können auch zwei oder drei Kindern gleichzeitig den Segen zusprechen. Dazu muss die zugedachte Segensgeste auch auf alle beim Sprechen „verteilt“ werden (die Hände wandern während des Segenswortes über alle Köpfe).

Bei der Segnung eines einzelnen Kindes wird das Kind direkt angesprochen (mit Namen): „N.N., Gott segne dich“ ist die nötige Form des individuellen Segenszuspruchs für eine/n Einzelne/n. Bei zwei Kindern entsprechend, in dem Sie zuerst das eine, dann das andere Kind mit Namen ansprechen und danach das Segenswort für beide sagen.

So kann es gehen: die Segensgesten

Sichtbare Handlungen, die Segensworte begleiten, unterstreichen das Ritual. Über die Segensgeste nehmen Sie physischen Kontakt zu einem einzelnen Kind auf oder verdeutlichen in Ihrer Haltung Zugewandtheit zu einer Gruppe. Es gibt unterschiedliche Segensgesten, deren Auswahl Sie nach dem Anlass und dem Rahmen der Segnung auswählen können.

Der Segen sollte stehend empfangen und zugesprochen werden. Grundsätzlich empfiehlt es sich, dem Kind auf Augenhöhe zu begegnen. Das heißt, das Kind steht und Sie „machen sich klein“ zum Segnen. Wenn das für Sie ungünstig erscheint, kann das Kind „erhöht“ werden (über ein Podest).

Segensgesten bei einer Einzelsegnung

Mit folgenden Segensgesten können Sie die Segensworte begleiten:

* **beide Hände auf den Kopf legen (wie ein Dach; „behüten“),**
* **eine Hand auf die Schulter, eine auf den Kopf legen,**
* **beide Hände auf die Schultern legen,**
* **beide Hände umschließen beide Hände des Kindes,**
* **beide Handflächen an die Schläfen/Wangen des Kindes legen.**

Holen Sie sich bei der Einzelsegnung (z. B. beim Abschied aus der Kita, Geburtstagssegen usw.) auch gerne Unterstützung. Kinder aus der Gruppe, besonders nahe Freundinnen und Freunde des zu segnenden Kindes können die guten Wünsche bekräftigen, in dem sie z. B. einen Halbkreis um das Kind herum bilden, ihre Hände erheben und (über dem Kopf) zu einem Dach formen, während Sie die Segensworte sprechen. Sprechen Sie die ausgewählten Kinder vorher an und stellen Sie sich einmal zur Probe auf. So vermeiden Sie in der Segnung Regieanweisungen, Zeitverlust und Unruhe. Das wird überflüssig, wenn das Ritual des „Mitsegnens“ erst einmal Tradition hat.

Segensgesten für eine Gruppe (z. B. in der Andacht)

Im Erwachsenengottesdienst erhebt der Liturg/die Liturgin beide Hände mit den Handflächen zur Gemeinde (oder nach oben geöffnet) und spricht den Aaronitischen Segen (s.o.). Die Segenssituation ist frontal – der Liturg/die Liturgin vorne, die Gemeinde ihm/ihr gegenüber.

In der Kitaandacht ist es häufig „dezentraler“, oft befindet man sich in einer Kreisstruktur. Zum Segen sollten alle aufstehen, das unterstreicht den besonderen Charakter des Rituals. Zum Zeichen der Verbundenheit können sich alle an den Händen halten. Reihen Sie sich in die Gruppe ein, in dem Sie sich mit in den Kreis stellen, sich mit den Kindern an den Händen halten. Sie empfangen so den Segen sichtbar mit den Kindern, auch wenn Sie die Segensworte sprechen. Halten Sie beim Sprechen des Segenswortes Blickkontakt zu den Kindern (lassen Sie Ihren Blick schweifen). Das können Sie auf Segenssituationen im Morgen- und Abschlusskreis übertragen.

Ob man die Augen beim Segen schließt oder nicht, ob man den Kopf senkt oder erhebt, die Hände faltet oder öffnet, muss individuell entschieden werden. Alles kann den besonderen Moment unterstreichen, Konzentration fördern – aber manches für Kinder auch schwierig sein. „Erlaubt“ ist vieles – und nichts muss sein. Die Öffnung für den Segen Gottes ist das Entscheidende.

Der Segen kann auch als Lied erfolgen. Beim Lied können Gesten die Worte unterstützen, wie das in Bewegungsliedern üblich ist. Um die Lied-Botschaft zu unterstreichen und das Schlusswort zu setzen, können Sie nach dem Lied mit dem Satz „So segne und begleite uns Gott. Amen“ schließen. Beispiele für Segen mit Liedern finden Sie auf Seite 47f.

Segnen ist eine Geste der (Nächsten-) Liebe und der Wertschätzung. Es darf fröhlich zugehen! Segen ist Ausdruck des Vertrauens in Gott und das Bekenntnis zu unserer Schutzbedürftigkeit. Gott hat uns dieses (zerbrechliche und doch unverwüstliche) Leben geschenkt hat. Wir bedürfen des Segens. Er ist ein guter Wunsch für einen gelebten Tag, eine zuversichtliche Entscheidung, ein erfüllendes und fröhliches Leben – trotz mancher Widrigkeiten.

So kann es gehen: die Atmosphäre

Viele Faktoren beeinflussen das Erlebnis der Segnung, nicht alle haben Sie in der Hand. Achten Sie auf eine offene, angenehme, ruhige, unaufgeregte, freudige Stimmung und vertrauen Sie auf die Wirkung des Rituals. Ansonsten gestalten Sie den Ort des Geschehens ansprechend, wie Sie es sonst auch tun: Kerzen, Blumen, Tücher, ...

Sie können zur Einzelsegnung auch ein wohlriechendes Öl verwenden. Legen Sie den Kindern dann nicht die Hände auf den Kopf, sondern reiben Sie mit Zeige-und Mittelfinger das Öl in die geöffnete Handfläche des Kindes. Weil das Kind dann sicher intensiver auf Ihr Handeln achtet, als wenn Sie ihm die Hände auf den Kopf legen, empfiehlt es sich, noch langsamer zu sprechen, oder erst das Öl in die Handfläche zu reiben und anschließend die Hand zu halten und das Segenswort zu sprechen.

Der Segen ist unsichtbar. Der Duft auch. Beides breitet sich jedoch im Kreis aus und erinnert alle (das gesegnete Kind und die Gruppe, die „mitriecht“) daran, dass Segen da ist und uns noch begleitet, wenn die Andacht / die Segnung vorüber ist. Der Segen muss – genau wie der Duft – von Zeit zu Zeit aufgefrischt werden, um spürbar zu bleiben.

Segensworte: Beispiele für die Praxis

An dieser Stelle folgen ein paar Beispiele für „noch unentdeckte" Segenssituationen – ein Steinbruch, dessen Bausteine beliebig behauen und zusammengesetzt werden können. Es soll inspirieren, nicht strenge Vorlage sein. Lassen Sie sich dazu „anstiften", eigene Segensworte zu formulieren.

Bedenken Sie, dass kein Segen für sich allein steht. Er ist stets eingebettet in einen Morgenkreis, ein thematisches Gespräch einer Kleingruppe, in eine Situation mit einem oder mehreren Kindern. Er kann am Ende der Begegnung / des Gesprächs den Übergang in die Fortsetzung des Tagesgeschehens bilden.

Allgemeine Segensworte, die in Gottesdiensten und Andachten verwendet werden können, sind als Vorschläge in entsprechenden Arbeitshilfen enthalten. Eine schöne Geschichte, die sich (als Auftakt) zum Thema Segen eignet, steht bei Markus 10,13–16 (Jesus segnet die Kinder).

Beispiele für Gruppensegen

Segen zum Wochenbeginn

Unsere neue Woche soll mit Gottes Segen beginnen:
Gott sei um uns herum wie die Luft, die wir atmen.
Gott gebe uns Halt, wie der Boden, auf dem wir stehen.
Gott wärme uns wie die Sonne, die uns heute lacht.
(Wenn sie gerade nicht scheint: ... die Sonne, die das Leben erhält.)
So segne uns der gute (liebe) Gott, heute und alle Tage.
Amen.

Segen zum Wochenende

Wir sind dankbar für eine schöne Woche und bitten um Gottes Segen:
Gott, unser Freund, begleite uns in unser Wochenende.
Gott segne die Zeit in unseren Familien.
Gott segne uns, bis wir uns gesund und fröhlich wiedersehen. Amen.

Segen zum Tagesbeginn (Morgenkreis)

Segne uns, damit wir fröhlich sind. - Du hörst uns so gerne lachen.
Segne uns, wenn wir traurig sind. - Du möchtest, dass wir getröstet werden.
Segne unseren Tag. - Du schenkst uns Zeit füreinander.
Amen.

Oder zum Kita-Abschluss (Tagesschlusskreis)

Lasst uns Gott um Segen bitten:
Möge Gott alle Wege mit uns gehen.
Gott begleite uns bei dem, was wir heute noch erleben.
Gott halte liebende Hände über uns und segne unsere Träume. Amen.

Beispiele für Einzelsegen

Geburtstagssegen (als Abschluss der Würdigung des Geburtstagskindes)

Wir wollen Gott, dass er dich segnet, N.N.:
Segne N.N. an seinem/ihrem Geburtstag, guter Gott.
Segne seine/ihre Freude an seinen/ihren Geschenken
und seinen/ihren Dank dafür.
Du hast ihm/ihr das Leben geschenkt - sei mit ihm/ihr
mit deinem Segen heute und jeden Tag. Amen.

Freundschaftssegen („einfach so“ für gute Freunde – oder auch nach einem Streit)

N.N. und .N.N., Gott segne eure Freundschaft.
Bunt wie ein Regenbogen soll Gottes Segen über eurer
Freundschaft leuchten.
Warm wie die Sonne soll Gottes Segen über eurem
Spielen scheinen.
Fest wie die Wurzeln eines Baumes soll Gottes Segen
eure Freundschaft machen. Amen.

Trauersegen (bei einem zu ertragenden Verlust zur Stärkung eines Gruppenkindes)

Wir bitten Gott um Segen für N.N. (und ihr könnt dabei helfen).
Stärke und begleite N.N. mit deinem Segen, Gott.
Segne Lachen und Freude, aber auch Weinen und Traurigkeiten.
Segne unsere Gemeinschaft im Kindergarten,
damit wir einander helfen und trösten. Amen.

Großer-Bruder-Segen / Große-Schwester-Segen

Wir wollen dir Gottes Segen zusagen, N.N.
Der liebende Gott, der allen Menschen das Leben schenkt, segne dich, N.N.,
damit du ein fröhlicher großer Bruder/eine fröhliche große Schwester bist.
Gott segne dich und deine kleine Schwester/deinen kleinen Bruder.
Gott schenke euch gute Gemeinschaft und Freude miteinander.
Jeden Tag begleite euch Gott, der Freund aller Kinder.
Amen.

Wieder-gesund-Segen (Genesungssegen nach längerer Krankheit)

N.N. ist gesund und wieder bei uns, das macht uns froh!
Wir wollen dir einen Segen zusprechen, liebe/r N.N.
Gott, der liebende Vater segne dich und mache dich stark.
Jesus, dein Bruder, begleite dich und schenke dir Kraft.
Gottes guter Geist sei mit dir und schenke dir Freude bei allem, was du tust. Amen.

Irischer Reisesegen (nicht nur für Reisen) – gekürzt

(Mit Gesten gesprochen, statt „dir" auch „euch")
Gott sei vor dir, um dir den rechten Weg zu zeigen.
Gott sei neben dir, um dich in die Arme zu schließen.
Gott sei hinter dir, um dich zu bewahren (schützen).
Gott sei unter dir, um dich aufzufangen.
Gott sei in dir, um dich zu trösten (wenn du traurig bist).
Gott sei über dir, um dich zu segnen.
So segne dich der gütige (liebende) Gott. Amen.

Segensworte in Liedern

Segne, Vater, Herz und Hand

Text: Kinderkirchentags-Team Musik: Peter Janssens
aus: Kurs: Gottes Erde, 1985;

Komm, Herr, segne uns

EG 170; Text und Melodie von Dieter Trautwein © Strube Verlag, München

Bewahre uns, Gott

EG 171; Text: Eugen Eckert (1985); Melodie: Anders Ruuth (1968)
© Carus-Verlag, Stuttgart

Wickeltischsegen in der Krippe

In der sehr nahen Begegnung auf dem Wickeltisch bietet sich neben dem Gespräch das Singen eines Liedes- oder zum Abschluss eben auch ein Segen. Mit einem wohlriechenden Öl können die Hände, die Füße, der Bauch, die Stirn versehen und begleitende Segensworte gesprochen werden.

So flinke Hände hast du - Gott segne, was du tust.
(Hände ölen)
So kräftige Füße hast du - Gott segne alle deine Wege.
(Füße ölen)
So ein schönes Gesicht schenkst du der Welt - Gott segne dein Lachen. (Stirn ölen)
So einen weichen Bauch hast du - so wunderbar bist du.
(Bauch ölen)
Gott hat dich lieb und segnet dich, N.N. - Amen.

Nachwort

Das Thema Segen war Gegenstand im Rahmen einer religionspädagogischen Langzeitfortbildung in Hamburg. Im Kreis der Erzieherinnen gab es zwar Aufgeschlossenheit dem Thema gegenüber – die Vorstellung, den Kindern ihrer Kita selbst Segensworte zuzusprechen, erzeugte jedoch aus den eingangs genannten Gründen eine lebhafte, z.T. kontroverse Diskussion. Einige haben es allerdings ausprobiert und durchweg gute Erfahrungen gemacht. Das Schlusswort soll eine Kollegin haben, die mir einige Zeit nach dem Seminar diese e-mail schrieb:

Lieber Frank,

das Thema „Segen“ aus unserer letzten religionspädagogischen Runde wirkte noch lange in mir nach. Und ich erinnerte mich, dass mir meine Mutter in der dunklen Jahreszeit auch einen Segen gab, bevor ich den Schulweg antrat.
Neulich wurde das Thema dann unverhofft zur Aufgabe. Plötzlich sagte die Pastorin ihr Kommen für die Kinderkirche ab und das Thema „Jesus segnet die Kinder“ sollte ohne sie seine Umsetzung finden. Was nun? Die vielen kontroversen Meinungsäußerungen gingen mir sofort durch den Kopf: „Segen ist Sache der Pastoren!“ „Ich traue mir das nicht zu!“ „Das kann ich sowieso nicht!“ „Da komme ich mir komisch vor!“

Ich habe mir dann einen Ruck gegeben und es einfach ausprobiert. Ich fand ein schönes Lied und die Idee für ein Ritual (das Umlegen eines goldgelben Schals) zum Segnen der Kinder in einem Buch. Frank, es wurde ein ganz wunderschöner Gottesdienst, bei dem mir im Tun deutlich wurde, wie wichtig dieser Zuspruch des Segens ist. Die Kinder fühlten sich ganz persönlich angesprochen und nahmen das Ritual sehr ernst. Es war eine dichte und konzentrierte Stimmung, die noch lange in weiteren Andachten zu spüren war. Ich war so angerührt vom Mitgehen der Kinder und ihrer Ernsthaftigkeit, dass ich meine Erfahrungen in den Arbeitskreis weiterleiten muss. Ich kann nur alle ermutigen, sich an das Thema heranzuwagen. Diese ganz persönliche Begegnung mit dem einzelnen Kind beim Zuspruch des Segens ist für das Kind und für die Erzieherin ein echtes Geschenk!

Das musste ich dir einfach schnell mal schreiben …

Liebe Grüße und auf bald!

Christa

Weitere Titel der Reihe

Vielen ErzieherInnen ist das Beten mit den Kindern sehr wichtig. Denn mit seiner entlastenden und klärenden Funktion unterstützt es, das eigene Vermögen und die eigenen Grenzen zu erkennen und anzunehmen. Was heißt „beten“ für mich? Welche Formen, Haltungen und Rituale sind kindgerecht? Wie kann das Gebet Teil des Alltags werden? Mit Impulsen für Kita-Teams und kreativen Praxisideen.

52 Seiten, kartoniert, Farbfotos, inkl. Downloadcode für Zusatzmaterial
ISBN 978-7698-2145-1

Viele Kitas wollen nicht nur religiöses Wissen vermitteln, sondern auch Kinder bei der Entwicklung persönlicher Gottesbeziehungen begleiten. Denn der mit Leben gefüllte Glaube trägt zur Resilienz bei. Wie also kann ich mit Kindern über Gott sprechen? Welches Bild von Gott habe ich? Welches Gottesbild möchte ich weitergeben und wie gelingt das? Impulse für Kita-Teams, Theologisieren mit Kindern und kreative Praxisideen.

52 Seiten, kartoniert, Farbfotos, inkl. Downloadcode für Zusatzmaterial
ISBN 978-3-7698-2147-5